堤人美の

旬を漬ける保存食

はじめに

私が保存食づくりを始めたきっかけは、「果物がとても好き！」ということから。
長く旬の味を楽しみたい、もっとおいしく楽しみたいと思い、
いつごろからかそれをライフワークにするようになりました。

始めてみれば、とても簡単で、大切にしていることといえば、
清潔に保つことと、漬け込むものの旬と味をよく知るという、その2点だけ。
果物やなり物の旬は短く、あっという間に市場から消えてしまいます。
例えば、実ざんしょうはかんきつの仲間で、
出回るのは5月下旬から6月上旬の数週間。
塩漬けが一般的ですが、私はオイルに漬け込んで保存します。
ピリッとしびれるような爽快な辛みは、料理の仕上げにかけたりあえたり、
炒め油にしたりと、一年中活躍します。
かんきつの仲間だから、チョコレートやグレープフルーツゼリーなどの
お菓子とも相性がよく、さんしょうオイルをひとたらしするだけで、
たちまちすばらしいデザートに！
このように使いみちを広げると、保存食づくりがより楽しみになります。

漬け始めのころは青々として漬け込んだその美しさに見惚《と》れて、
十分に熟していくにつれトロリと濃くなる変化を観察して植物を育てるように見守る。
一年中、何かしらの手仕事を自分なりに楽しむ。
それが日々のささやかな潤いとなって、心と食卓を豊かにしてくれると信じています。

堤人美

はじめに　2
この本の決まりごと　6

春

いちごビネガー　8
いちごビネガークリームソーダ　9
いちご風味のコールスロー　9

ミントベリーウォーター　10
水だしミントベリーティー　11
モヒート　11

エディブルフラワーの砂糖漬け　12
花ワイン　14
花ミルクゼリー　15

さんしょうオイル　16
さんしょうオイル塩やっこ　18
さんしょう風味のチョコガナッシュ　19

セミドライトマトのオイル漬け　20
ドライトマトとサラミの混ぜご飯　22
ドライトマトースト　23

パクチーレモンオイル　24
青豆のパクチーレモンオイルあえ　26
春雨のパクチーレモンオイルあえ　27

かんきつのサワー漬け　28
かんきつスカッシュ　29
かぶのかんきつサラダ　29

かんきつ塩　30
かんきつのマリネ　30
春のフリット2種
（新じゃがいものフリット／山菜のフリット）　32
かんきつ塩のお刺身サラダ　34

夏

梅のサワー漬け　36
梅ペースト　37
梅キャロットラペ　37

プラム酒　38
氷プラム酒　39
プラムアイリッシュコーヒーゼリー　39

新しょうがのマリネ　40
ジンジャーエール　41
桃缶としょうがのデザートサラダ　41

ししとうのしょうがじょうゆ漬け　42
ししとうのさっぱり豆乳スープ　44
ししとうのしょうゆ焼きそば　45

食べるラー油　46
ピーマンのラー油炒め　48
にらとチーズのラー油チャーハン　49

香味油　50
きゅうりとミントの香味あえ麺　52
豚ひき肉ともやしの炒めナムル　53

水キムチ　54
冷麺風そうめん　56
キムチ冷飯《れいはん》　57

あんずのバニラシロップ漬け　58
あんずソーダ　60
あんずのレンジカスタード添え　61

桃のシロップ漬け　62
桃のシロップソーダ　62
桃寒天　64

秋

洋梨酒　66
洋梨のフローズンカクテル　67
洋梨の簡単サバラン　67

くりのブランデーシロップ漬け　68
マロンシャンテリー　70
くり白玉　71

紅白サングリア　72
（白ワインのサングリア／赤ワインのサングリア）
紅白ネクター　73

柿酢　74
柿のピクルス　74
さつまいもの柿酢グラッセ　76
鶏手羽元の柿酢煮　77

チャツネ　78
豚肉の洋風しょうが焼き　80
チーズ春巻　81

チーズのオイル漬け　82
チーズトースト　84
チーズとレタスのサラダ　85

いちじくのスパイス酒　86
いちじくのジンソーダ　86
いちじくのココナツシェイク　86
いちじくのスパイシーポークソテー　88

冬

ミンスミート　90
簡単ミンスパイ　92
ミンスミートバターサンド　93

ジンジャーシロップ＆しょうが糖　94
ジンジャーネード　94
みかんのジンジャーマリネ　96
ジンジャーフレンチトースト　97

レモンチェッロ　98
アイスのレモンチェッロがけ　99
レモンチェッロスカッシュ　99

スパイシーブランデー　100
スパイシーステーキ　102
いちごのスパイシーマリネ　103

柚子《ゆず》茶の素《もと》　104
柚子茶　104
焼きカマンベールの柚子茶のせ　106
厚揚げの柚子みそのせ　107

きんかんの甘酢漬け　108
きんかんとサーモンのオニオンサラダ　110
きんかんのいなりずし　111

この本の決まりごと

- この本で使用している計量カップはカップ1＝200mℓ、計量スプーンは大さじ1＝15mℓ、小さじ1＝5mℓです。1mℓは1ccです。
- 表記のエネルギーはおよその数値、調理時間はトータルでかかるおよその時間です。
- この本で使用しているだしは、昆布・かつお風味のだしです。
- 電子レンジ、オーブントースター、オーブン、ミキサーなどの調理器具は、各メーカーの使用説明書などをお読みのうえ、正しくお使いください。
- 電子レンジは、金属および金属製の部分がある容器や非耐熱ガラスの容器、漆器、木・竹・紙製品、耐熱温度が140℃未満の樹脂製容器などの使用は避けてください。故障や事故の原因となることがあります。本文中で表示した調理時間は600Wのものです。700Wの場合は約0.8倍、500Wの場合は約1.2倍にしてください。
- 電子レンジにラップを使用する場合、使用説明書に記載の耐熱温度などを確認のうえ、正しくご使用ください。
- この本で使用しているオリーブ油は、エクストラバージンオリーブ油です。
- 保存に使う果物や野菜は、特にことわりのない場合、水で洗って水けを拭いてから調理してください。
- アルコールが多く含まれるものが多数あります。子どもやお酒に弱い人は避けてください。
- はちみつが含まれるものがあります。1歳未満の乳児には与えないでください。
- 保存に使用する保存瓶や密封容器は、使う前によく洗い、消毒してください。アルコール消毒する場合、食品用のアルコールか焼酎（35度以上のもの）をしみ込ませたペーパータオルで内側、外側、ふた、パッキンなど全体を拭きます。熱湯消毒する場合、瓶などガラス製の容器は、いきなり熱湯をかけると温度差で割れることがあるので、まず、ぬるま湯を入れて温めてから熱湯を回しかけてください。ペーパータオルを敷いたところに口を下にして置き、乾かします。

春

ni《ニ》

Tsu《ツ》 ke《ケ》 ru《ル》

いちごビネガー

ミントベリーウォーター

エディブルフラワーの砂糖漬け

さんしょうオイル

セミドライトマトのオイル漬け

パクチーレモンオイル

かんきつのサワー漬け

かんきつ塩

いちごビネガー

いちごの甘い風味がほんのり香る、爽やかな酸味です。
水や炭酸水で割ってビネガードリンクに。
水きりヨーグルトやチョコレートアイスにかけても。

材料（つくりやすい分量）

いちご　1パック（300g）

白ワインビネガー　カップ2½

使いごろ → 1週間後から

保存 → 冷蔵庫で約3か月間

※いちごは1か月たったら取り除く。

1　いちごはヘタを取って縦半分に切り、清潔な保存瓶（約1ℓ容量が最適）に入れる。

2　白ワインビネガーを加え、常温で1週間おく（写真）。

［調理時間10分（常温でおく時間は除く）］

いちごのエキスが出るまで、常温でおきます。

活用のヒント

いちごビネガークリームソーダ

いちごビネガー大さじ2と炭酸水カップ½を混ぜ、
バニラアイスクリーム適量と氷を加えます。
好みでいちごを添え、ガムシロップを加えて。

いちご風味のコールスロー

オリーブ油と混ぜてドレッシングに。

材料（2人分）とつくり方

1　キャベツ¼コ（250g）はせん切りにし、塩小さじ⅓をまぶして5分間おき、水けを絞る。

2　いちごビネガー・オリーブ油各大さじ2、はちみつ小さじ2、塩小さじ⅓を混ぜ、**1**をあえる。器に盛り、好みでパンといちごを添える。

［1人分170kcal　調理時間10分］

ミントベリーウォーター

ハーブとフルーツが香るフレーバーウォーターです。
カフェインレス＆ノンシュガーなので、
お茶やコーヒーのかわりに、たっぷり飲んでも大丈夫。

材料(つくりやすい分量)

ミント(生)　2パック(40g)

A［ブルーベリー　1パック(150g)
　レモン(薄切り／皮をむいたもの)
　　2〜3枚

冷茶用のボトル(1ℓ容量が最適)にAを入れる。ミント、水カップ4を加えて冷蔵庫で3〜4時間おく。
［調理時間3分(冷蔵庫でおく時間は除く)］

飲みごろ → 3〜4時間後から

保存 → 冷蔵庫で約2日間
※2日以内に飲みきること。

活用のヒント

水だしミントベリーティー

ミントベリーウォーターをつくるときに
好みの茶葉(紅茶など)大さじ2を
加えてアレンジ。

モヒート

ミントベリーウォーターカップ¾と
ラム酒(ホワイト)大さじ2〜3を混ぜます。
ミント、ブルーベリー、レモンも加え、
全体をつぶしながら飲むと美味。

エディブルフラワーの砂糖漬け

オーストリアの皇妃が愛したという、すみれの砂糖漬けをアレンジ。
そのままお茶請《う》けに、お菓子のデコレーションやフィリングに。
フローラルな香りで、アロマのように癒やされます。

材料（つくりやすい分量）
エディブルフラワー　約60コ
粉ゼラチン　1袋（5g）
グラニュー糖　600g

食べごろ → 2日後から　　**保存** → 常温で約3か月間

1　エディブルフラワーはサッと洗い、ペーパータオルに伏せるようにのせ、水けを取る。
2　耐熱容器に水大さじ2を入れ、粉ゼラチンをふり入れて2～3分間おき、ふやかす。ラップをせずに電子レンジ（600W）に20秒間かけて溶かし、水大さじ2を加えて薄める。
3　大きめのバットかバット数枚にグラニュー糖500gを広げる。**1**を1コずつ**2**にサッとくぐらせて（写真）、グラニュー糖をまぶす。バットに入れたまま1～2時間おいて乾かし、取り出す。
4　清潔な保存容器（1.5ℓ容量が最適）に新たなグラニュー糖100gと**3**を順に適量ずつ交互に入れる。常温で2日間おく。
［調理時間20分（乾かす時間、常温でおく時間は除く）］

ゼラチンがのりの役割をするので、花にグラニュー糖がくっつきます。

花ワイン

ワインやシャンパンに
エディブルフラワーの砂糖漬け（P.12参照）を浮かべて、
おもてなしの食前酒に。

材料（18×14×高さ4cmのバット1台分）

A［牛乳　カップ1½
　 砂糖　50g

粉ゼラチン　1袋（5g）

生クリーム　カップ½

エディブルフラワーの砂糖漬け（P.12参照）　適量

1　粉ゼラチンは水大さじ2 にふり入れて2〜3分間おき、ふやかす。

2　小さめの鍋にAを入れて中火にかけ、木べらで混ぜながら、周囲がフツフツとするまで温める。火を止めて**1**を加え、混ぜる。

3　ボウルに**2**を移して粗熱を取り、生クリームを加える。ボウルの底を氷水に当て、とろみが出るまでゴムべらで混ぜながら冷やす。バットに移してエディブルフラワーの砂糖漬けを散らし、ラップをして冷蔵庫で2〜3 時間冷やし固める。スプーンですくって器に盛る。

［全量920kcal　調理時間15分（粗熱を取る時間、冷やし固める時間は除く）］

花ミルクゼリー

活用のヒント

ゼリーや寒天で固めるとすてきなデザートに。
柔らかい花のほうがよくなじみます。

さんしょうオイル

実ざんしょうの香りと辛みをオイルにゆっくり移します。
実ざんしょうのオイル漬けは料理のトッピングやアクセントに、
オイルは炒め油やドレッシング、料理の香りづけに。

材料（つくりやすい分量）
実ざんしょう　100g
ごま油（白）　カップ1

使いごろ → 10日後から

保存 → 実ざんしょうは冷凍庫で約半年間。
オイルは常温で約3か月間

1　実ざんしょうは枝から外す。
2　清潔な瓶（600mℓ容量が最適）に入れ、ごま油を注ぐ。表面をラップでピッタリと覆い、ふたをする（写真1）。日の当たらない涼しい場所で10日間おく。
3　ボウルにざるを重ねて2をこし、実ざんしょうのオイル漬けとオイルに分ける。実ざんしょうのオイル漬けは冷凍用保存袋に入れ、オイルは清潔な保存瓶（300mℓ容量が最適）に入れる（写真2）。
［調理時間30分（日の当たらない涼しい場所でおく時間は除く）］

1
実ざんしょうが油から浮き出ないようにラップをします。

2
実ざんしょうのオイル漬けとオイルは分けて保存します。

春

★実ざんしょうは5月下旬から6月上旬のごく短い期間に出回ります。

活用のヒント

さんしょうオイル塩やっこ

オリーブ油と塩で食べる冷ややっこをさんしょうオイルで。
豆の甘みが引き立ちます。

材料（2人分）
絹ごし豆腐　½丁（150g）
さんしょうオイル（P.16参照）　適量
実ざんしょうのオイル漬け　適量
［常備品］塩

豆腐は食べやすい大きさに切り、器に盛る。さんしょうオイルをかけて塩少々をふり、実ざんしょうのオイル漬けをのせる。
［1人分70kcal　調理時間5分］

材料（2～3人分）

ブラックチョコレート（市販）　200g

A［生クリーム　カップ½
　 バター　大さじ1弱（10g）

さんしょうオイル（P.16参照）　大さじ1

実ざんしょうのオイル漬け　小さじ2

ビスケット（市販）　適量

1　チョコレートは薄く刻んでボウルに入れる。鍋にAを入れて中火で沸騰直前まで温め、ボウルに加える。ボウルの底を60℃の湯に当てて湯煎し、泡立て器で混ぜる。なめらかに混ざったら、さんしょうオイルを加えて混ぜる。

2　ボウルを湯から外し、外側からゆっくり混ぜながら冷ます。トロリと固まってきたら器に盛り、実ざんしょうのオイル漬けを散らす。ビスケットを添え、チョコガナッシュをつけて食べる。

［1人分590kcal　調理時間15分］

活用のヒント

さんしょう風味のチョコガナッシュ

さんしょうの香りと辛みはスイーツにも合います。
板チョコで手軽にできるガナッシュに加えて。

セミドライトマトのオイル漬け

ミニトマトを半干しにして、オイル漬けにします。
うまみがギュッと凝縮し、果肉はジューシー。
サラダ、炒め物や煮込み、パスタのソースに。

材料（つくりやすい分量）

ミニトマト（赤）　25コ（約300g）
ミニトマト（黄）　15コ（約200g）
にんにく（つぶす）　1かけ分
［常備品］オリーブ油

食べごろ → 2日後から

保存 → 冷蔵庫で約3週間
※オリーブ油が固まるので、使う分だけ清潔なスプーンで取り分け、常温で溶かしてから使う。

1　ミニトマトはヘタを取って横半分に切り、スプーンで種を除く。切り口を下にしてペーパータオルを敷いたバットに並べる。上からペーパータオルを重ねて軽く押さえ、水けを十分に拭く。
※種については下記参照。

2　切り口を上にしてざるに並べる。全体に水分がとんでシワがやや寄るまで、天日で1〜2日間干す（写真）。

3　清潔な保存瓶（500ml容量が最適）に2とにんにくを入れ、オリーブ油カップ1¼を注ぐ。冷蔵庫で2日間おき、なじませる。
※ミニトマトが油から出るようなら、完全につかるまで、さらにオリーブ油適量を足す。
［調理時間15分（ミニトマトを干す時間、冷蔵庫でなじませる時間は除く）］

種があった部分が乾きやすいように、切り口を上にします。

種は冷凍ストックに

取り除いた種にもうまみがたっぷり。冷凍用保存袋に入れて冷凍して、カレーやスープ、煮込みなどのうまみづけに活用できます。トマトソースに加えると、うまみが増して、より濃厚な風味に。約2か月間保存可能。

活用のヒント

ドライトマトとサラミの混ぜご飯

セミドライトマトとオイルで風味をつけた、ライスサラダ風の混ぜご飯です。

材料（2人分）

セミドライトマトのオイル漬け（P.20参照）
　18切れ
サラミソーセージ　45g
ご飯（温かいもの）　茶碗《わん》2杯分（400g）
A［パセリ（みじん切り）　大さじ2
　セミドライトマトを漬けた油　大さじ1
［常備品］塩／こしょう

1　サラミは3cm長さの細切りにする。

2　ボウルにご飯を入れ、セミドライトマトを油をきって加える。**1**とAを加えてサックリと混ぜ、塩小さじ¼、こしょう少々で味を調える。
［1人分550kcal　調理時間5分］

活用のヒント

ドライトマトースト

セミドライトマトを漬けた油でパンを焼き、
うまみをジュワッとしみ込ませます。

材料（2人分）

セミドライトマトのオイル漬け（P.20参照）
　24切れ
食パン（8枚切り）　2枚
A［にんにく（つぶす）*　1かけ分
　セミドライトマトを漬けた油　大さじ2
粉チーズ　適量
［常備品］塩／黒こしょう（粗びき）

＊セミドライトマトのオイル漬けに使ったものでもよい。

1　食パンは十文字の4等分に切る。
2　フライパンにAを入れて弱火にかける。香りがたったら食パンを並べて中火にし、両面を1分30秒間ずつ、こんがりと焼く。器に盛り、セミドライトマトのオイル漬けを等分にのせ、粉チーズ、塩・黒こしょう各適量をふる。
［1人分290kcal　調理時間5分］

パクチーレモンオイル

スープや煮込みなどの仕上げに、ほんのひとさじ。
たちまちエスニックな味わいに早変わりする香味油です。
麺類やつけだれ、野菜のあえ物、冷ややっこにも。

材料（つくりやすい分量）

パクチー[*1]の葉　（大）4株分（正味50g）
青とうがらし（生）　1本

A
- オリーブ油　カップ¼
- レモン汁　大さじ2〜3
- すりごま（白）　大さじ2
- 塩　小さじ1
- クミンシード[*2]　小さじ½
- にんにく（すりおろす）　少々

［常備品］オリーブ油

春

＊1　香菜（シャンツァイ）ともいう。
＊2　カレー粉の原料の一つで刺激的な香りと苦みがあるスパイス。
カルダモン（粉）小さじ½にかえても。

使いごろ → つくってすぐから

保存 → 冷蔵庫で約2週間
※具が油に完全につかった状態を保つ。上面の油が少なくなったらオリーブ油適量を足す。冷蔵庫でオリーブ油が固まるので、使う分だけ清潔なスプーンで取り分け、常温で溶かしてから使う。

1　パクチーの葉は粗みじんに切る。青とうがらしは好みで種を取り、小口切りにする。
2　ボウルに1とAを入れ、よく混ぜ合わせる（写真）。清潔な保存瓶（200㎖容量が最適）に入れ、オリーブ油大さじ1⅔を注ぎ、ふたをする。
［調理時間15分］

オイルが野菜になじむように全体を混ぜます。

活用のヒント

春

青豆のパクチーレモンオイルあえ

青豆をパクチーレモンオイルであえた、エスニック風の副菜。
枝豆やグリンピース、さやいんげんでも。

材料（2人分）
スナップえんどう　12本（85g）
そら豆（さや付き）　5〜6本（約300g）
パプリカ（黄）　½コ（75g）
パクチーレモンオイル（P.24参照）　大さじ2
［常備品］塩

1 スナップえんどうはヘタと筋を取る。そら豆はさやから出し、薄皮をむく。パプリカはヘタと種を取り、細長い乱切りにする。
2 鍋に湯を沸かして塩少々を入れ、スナップえんどう、そら豆を一緒に入れて2分30秒間ゆで、ざるに上げて粗熱を取る。スナップえんどうは縦半分に割る。
3 2とパプリカをパクチーレモンオイルであえ、味をみて塩少々で調える。
［1人分120kcal　調理時間10分（青豆の粗熱を取る時間は除く）］

活用のヒント

春雨のパクチーレモンオイルあえ

タイの春雨サラダ・ヤムウンセン風が楽しめます。
ゆでた魚介や肉をプラスしてボリュームアップしても。

材料（2人分）
春雨（乾）　80g
きゅうり　1本（100g）
パクチーレモンオイル
（P.24参照）　大さじ4
［常備品］塩／こしょう

1 春雨はサッと水でぬらして5分間おき、熱湯で3分間ゆでる。ざるに上げて粗熱を取り、食べやすい長さに切る。きゅうりは3cm長さのせん切りにする。

2 1をパクチーレモンオイルであえ、塩・こしょう各少々をふる。
［1人分270kcal　調理時間10分（春雨の粗熱を取る時間は除く）］

かんきつのサワー漬け

香りのよいかんきつをりんご酢に漬け込みます。
水や湯、炭酸水で割ってサワードリンクに。
漬ける前に皮をグラニュー糖でこすると、香りがたちます。

材料（つくりやすい分量）

清見オレンジ（国産／または好みのかんきつ*）　2コ（600～700g）

氷砂糖　600～700g（オレンジと同量）

りんご酢　600～700mℓ（オレンジと同量）

グラニュー糖　適量

＊甘夏、いよかん、せとかなど、皮に香りがあって果汁がたっぷりで、苦みが少なめのもの。1種類だけでも、2種類を混ぜても。

1　清見オレンジはグラニュー糖で皮を磨くようにこすり、皮付きのまま1cm厚さの輪切りにする。

2　清潔な保存瓶（3ℓ容量が最適）に氷砂糖と1を順に適量ずつ交互に入れ（最後は氷砂糖を上にする）、りんご酢を注ぐ。氷砂糖が溶けるまで、常温で2～3か月間おく。

［調理時間10分（常温でおく時間は除く）］

飲みごろ ➡ 2～3か月後から

保存 ➡ 常温で半年間

活用のヒント

かんきつスカッシュ

かんきつを漬けたシロップ大さじ3と
炭酸水カップ½を混ぜます。
オレンジキャンディーのような味わいです。
好みで、漬けたオレンジを浮かべて。

かぶのかんきつサラダ

かんきつは具に、シロップはドレッシングに。

材料（2人分）とつくり方

1　かぶ3コ（180g）は茎を2cm残して葉を除き、縦に7mm厚さに切る。葉は柔らかい部分を30g取り分けて4cm長さに切る。かぶと葉を合わせて塩少々でもみ、5分間おいて水けを絞り、ボウルに入れる。

2　かんきつのサワー漬け1切れを食べやすく切って混ぜ、オリーブ油大さじ3、かんきつを漬けたシロップ大さじ2、塩小さじ¼を加えてあえる。

［1人分230kcal　調理時間10分］

かんきつ塩

レモン塩はレモンを丸ごと塩に漬け込みますが、
かんきつ塩は、皮のみを塩に漬けて香りを移します。
天ぷらやフライなどの揚げ物、刺身のつけ塩に。

材料（つくりやすい分量）

かんきつの皮（国産）*　3〜4コ分（約450g）

［常備品］塩

＊文旦、はっさく、清見オレンジ、甘夏、夏みかん、黄金かんなど皮の香りが強いもの。

使いごろ → 1週間後から

保存 → 常温で約1年間

※漬けている間に皮が表面に出てきたら、塩適量を加えて表面を覆う。皮は3か月間たったら取り除く。

1　かんきつの皮は塩少々でこすり（写真）、水で洗い流して水けを拭く。四つ割りにし、果肉を房ごと皮から取り除く（ワタは皮についたままでよい）。

※ここでは皮のみを使う。果肉については下記参照。

2　清潔な保存瓶（1.5ℓ容量が最適）に塩500g、かんきつの皮を順に適量ずつ交互に入れる（最後は塩を上にする）。瓶の口を厚手のペーパータオル（不織布タイプ）で覆って輪ゴムでとめ、常温で1週間おいて香りを移す。ペーパータオルを取り、ふたをする。

※皮から水分が出るので、最初はふたはせずに水分を蒸発させる。
香りが移ってからは、しっかり密封して保存する。

［調理時間20分（常温でおく時間は除く）］

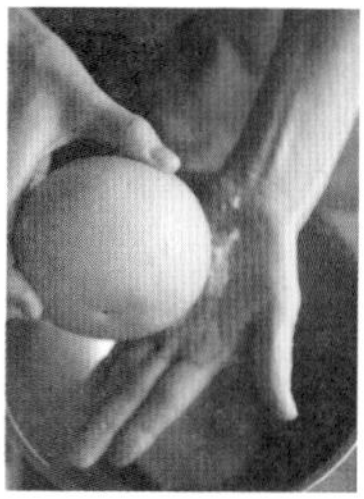

皮を塩でこすり、香りを引き出します。

果肉はマリネしてデザートに

かんきつのマリネ

材料（つくりやすい分量）とつくり方

上記で皮から取り除いた果肉全量（約600g）は小房に分けて薄皮から取り出し、清潔な保存容器（1.5ℓ容量が最適）に入れる。グラニュー糖大さじ4強（50g）、オレンジリキュール大さじ3、ミントの葉（生）適量を加えてサックリとあえ、冷蔵庫で20分間冷やす。冷蔵庫で3〜4日間保存可能。

［全量540kcal　調理時間10分（冷やす時間は除く）］

新じゃがいものフリット（写真左）

材料（つくりやすい分量）

新じゃがいも　2コ（300g）

衣

- 小麦粉　大さじ3強（30g）
- 炭酸水　大さじ4～5

A
- かんきつ塩（P.30参照）　小さじ1/3
- かんきつ塩の皮（ワタごとみじん切り）　1/2切れ分

［常備品］小麦粉／サラダ油

1 新じゃがいもは洗って芽を除き、皮付きのまま5mm厚さに切る。水にサッとさらして水けを拭き、小麦粉大さじ1をまぶす。

2 1を揚げる直前に衣をつくる。ボウルに分量の小麦粉を入れて炭酸水を加え、サックリと混ぜる。

3 フライパンにサラダ油を2cm深さまで入れて170℃に熱し、1を2の衣にサッとくぐらせて入れる。カリッとするまで3～4分間揚げて器に盛る。Aを混ぜて、散らす。

［全量700kcal　調理時間15分］

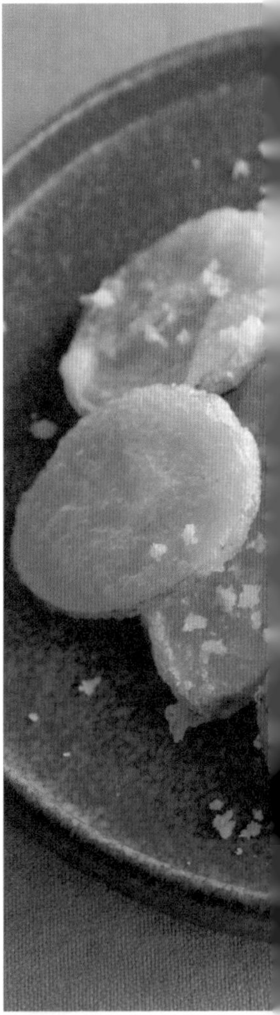

活用のヒント

山菜のフリット（写真右）

材料（2人分）

たらの芽*　6コ（30g）

衣

- 小麦粉　大さじ3強（30g）
- 炭酸水　大さじ4～5

A
- かんきつ塩　小さじ1/3
- かんきつ塩の皮（ワタごとみじん切り）　1/2切れ分

［常備品］小麦粉／サラダ油

＊ふきのとうにかえても。

1 たらの芽は根元の堅い茶色い部分を薄くむき、小麦粉大さじ1をまぶす。

2 1を揚げる直前に衣をつくる。ボウルに分量の小麦粉を入れて炭酸水を加え、サックリと混ぜる。

3 フライパンにサラダ油を2cm深さまで入れて170℃に熱し、1を2の衣にサッとくぐらせて入れる。カリッとするまで2分間ほど揚げて器に盛る。Aを混ぜて、添える。

［1人分70kcal　調理時間15分］

春のフリット2種

かんきつのフレーバーで、
揚げ物がさっぱりと食べられます。
軽やかな野菜のフリットとは特に好相性。

活用のヒント

かんきつ塩のお刺身サラダ

たいはかんきつ塩で軽く締め、
ほんのりと風味をつけます。
漬けた皮を粗く刻んで仕上げに散らしても。

材料（2人分）
たい（刺身用／さく）* 100g
かんきつ塩（P.30参照） 小さじ⅓
たまねぎ ¼コ（50g）
パプリカ（黄） ¼コ（40g）
ベビーリーフ ⅓パック（30g）
［常備品］オリーブ油
＊好みの魚（刺身用）でもよい。

1 たいは薄く切る。かんきつ塩の半量をバットにふり、たいを並べる。残りのかんきつ塩をふって10分間おき、たいから出た水けを軽く拭く。たまねぎは繊維に垂直に薄切りにし、水に5分間さらす。パプリカはヘタと種を取り、縦に細切りにする。

2 ボウルに**1**とベビーリーフを合わせ、オリーブ油大さじ1を加えてサックリとあえる。
［1人分150kcal　調理時間15分］

夏

ni《ニ》

Tsu《ツ》 ke《ケ》 ru《ル》

梅のサワー漬け

プラム酒

新しょうがのマリネ

ししとうのしょうがじょうゆ漬け

食べるラー油

香味油

水キムチ

あんずのバニラシロップ漬け

桃のシロップ漬け

梅のサワー漬け

梅と酢、酸味×酸味のかけ合わせになるので、
酸っぱい青梅ではなく、甘みが増した完熟梅でつくります。
水や湯、炭酸水で割ってドリンクに。漬けた梅はお茶請《う》けに。

★完熟梅は6月下旬から7月上旬に出回ります。

材料（つくりやすい分量）
完熟梅　2kg
ホワイトリカー（35度）　適量
氷砂糖　2kg
米酢　1.5〜2ℓ

飲みごろ → 約1か月後から

保存 → 常温で約6か月間

1 梅はやさしく洗い、なり口を竹串で取る。ホワイトリカーを霧吹きでかけ、表面のくぼみに沿ってナイフを半周だけ入れる。清潔な保存瓶（3ℓ容量が最適）に氷砂糖と梅を順に適量ずつ交互に入れる（最後は氷砂糖を上にする）。
2 ホワイトリカーカップ¼を注ぎ、米酢をヒタヒタに加えてふたをし、氷砂糖が溶けるまで常温で1か月間ほどおく。
［調理時間20分（常温でおく時間は除く）］

活用のヒント

梅ペースト

梅は種を取ってつぶすとジャム風に楽しめます。
ビスケットにクリームチーズと一緒にのせて、おつまみに。

梅キャロットラペ

梅とシロップをドレッシングに。

材料（2人分）とつくり方
1 にんじん1本（150g）とセロリの茎½本分（50g）は4cm長さのせん切りにし、合わせて塩少々をまぶして5分間おき、水けを絞る。
2 サワー漬けの梅1コは種を取って包丁でたたき、ボウルに入れる。オリーブ油大さじ1½、梅を漬けたシロップ大さじ1、塩小さじ½、こしょう少々を混ぜる。**1**を加えてサッとあえる。
［1人分150kcal　調理時間10分］

プラム酒

完熟したジューシーなプラムをウイスキーに漬け込みます。
おすすめの飲み方は、水割り＆ハイボール。
同割に薄めるのがおすすめですが、お好みで。

材料（つくりやすい分量）

プラム（完熟したもの）＊　1kg

グラニュー糖　1kg

ウイスキー　1～1.2ℓ

＊貴陽、太陽など好みの種類でよい。

飲みごろ → 4～5か月後から

保存 → 常温で約1年間
※プラムは半年たったら取り除く。

1 プラムは皮付きのまま、表面のくぼみに沿ってナイフを入れて1周させ、ねじって半割りにする（種はつけたままでよい）。

2 清潔な保存瓶（3ℓ容量が最適）にグラニュー糖とプラムを順に適量ずつ交互に入れる。ウイスキーを注ぎ、ふたをして常温で4～5か月間おく。
［調理時間15分（常温でおく時間は除く）］

活用のヒント

氷プラム酒

かき氷にプラム酒をたっぷりかけます。
好みで漬けたプラムを添えて。

プラムアイリッシュコーヒーゼリー

コーヒーのカクテルをデザートに。

材料（1人分）とつくり方

1 コーヒーゼリー（市販）1コ（100g）はフォークで細かくくずしてグラスに盛り、漬けたプラム1切れをのせる。

2 生クリームカップ1/4を泡立て器で八分《ぶ》立てにし、**1**にのせてプラム酒適量をかける。
［1人分330kcal　調理時間10分］

新しょうがのマリネ

みずみずしくて、辛みが穏やかな新しょうが。
マリネにして、ジンジャーエールの素《もと》をつくります。
箸休めにそのままポリポリ食べても。

材料（つくりやすい分量）

新しょうが　400g

レモン　2コ

赤とうがらし　4～5本

はちみつ　約カップ2

食べごろ → 4～5日後から

保存 → 冷蔵庫で約2か月間

1　新しょうがは皮付きのまま薄切りにする。ざるに広げて熱湯をサッと回しかけ、水けを拭いて粗熱を取る。レモンは皮をむき、1cm厚さの輪切りにする。

2　清潔な保存瓶（750mℓ容量が最適）に新しょうが、レモン、赤とうがらし（ヘタ付きのまま）を交互に入れ、はちみつを完全にかぶるまで注ぐ。冷蔵庫で4～5日間おき、なじませる。

［調理時間15分（新しょうがの粗熱を取る時間、なじませる時間は除く）］

活用のヒント

ジンジャーエール

新しょうがを漬けたシロップ大さじ4と
炭酸水カップ½を混ぜます。
マイルドな飲み口です。
好みで新しょうがのマリネ、レモン、
赤とうがらしも加えて。

桃缶としょうがのデザートサラダ

フルーツと合わせるのもおすすめです。

材料（2人分）とつくり方

白桃（缶詰）2切れ（140g）は一口大に切り、新しょうがを漬けたシロップ大さじ2、新しょうがのマリネ6枚とあえて器に盛る。ミントの葉（生）適量を散らす。

［1人分110kcal　調理時間5分］

ししとうのしょうがじょうゆ漬け

ししとうは香ばしく焼きつけて香りを出します。
炒め物、肉や魚介のソテー、あえ物、煮物、つけだれなど、
具と調味料を兼ねて、料理の風味づけに。

材料（つくりやすい分量）

ししとうがらし　1パック（約30本／120g）
しょうが（せん切り）　1〜2かけ分（10〜20g）
ごま油　小さじ2
A［しょうゆ　カップ1
　みりん（煮きったもの）　大さじ3

使いごろ → 30分後から　　保存 → 冷蔵庫で約10日間

1　ししとうはヘタを少し除いて1〜2cm幅に切る。
2　フライパンにごま油、1、しょうがを入れて中火にかけ、木べらで押さえながら、しんなりするまで2分間ほど焼きつける（写真）。
3　熱いうちに清潔な耐熱の保存瓶（500mℓ容量が最適）に入れ、Aを注ぐ。表面をラップでピッタリと覆って常温で30分間おき、ラップを取る。
［調理時間10分（常温でおく時間は除く）］

ししとうは油になじませるように焼きつけ、コクをつけます。

材料（2人分）

豆乳（無調整）　カップ2

ししとうのしょうがじょうゆ漬け

（P.42参照）

（漬け汁ごと）小さじ2

ちりめんじゃこ　大さじ1

［常備品］酢

1　豆乳を器に等分に入れ、ししとうのしょうがじょうゆ漬けを半量ずつ漬け汁ごと加える。

2　1にちりめんじゃこを半量ずつ、酢を大さじ½〜1ずつ加える。

［1人分110kcal　調理時間3分］

活用のヒント

ししとうのしょうゆ焼きそば

ししとうのしょうがじょうゆ漬けと豚肉だけのシンプル焼きそば。
漬け汁を調味料として、風味よく仕上げます。

材料（2人分）

ししとうのしょうがじょうゆ漬け
（P.42参照）　大さじ3〜4
ししとうを漬けた漬け汁
大さじ1〜1½
中華麺（蒸し／焼きそば用）
2玉（300g）
豚こま切れ肉　100g
ごま油　大さじ1
［常備品］塩／こしょう

1 中華麺は耐熱皿にのせてふんわりとラップをし、電子レンジ（600W）に1分間かけて、ほぐす。豚肉は大きければ食べやすく切り、塩・こしょう各少々をふる。

2 フライパンにごま油を中火で熱し、豚肉を1分30秒間炒める。中華麺を加えて2分間炒める。ししとうのしょうがじょうゆ漬けを加えて1分間炒め、漬け汁を加えてからめる。

［1人分540kcal　調理時間10分］

食べるラー油

おつまみ素材のうまみや食感を利用した、お手軽ラー油。
ご飯やラーメン、ゆで鶏や豆腐のたれ＆トッピングに、
ギョーザのつけだれ、あえ麺、炒め物などに重宝します。

材料（つくりやすい分量）

A
- ミックスナッツ（おつまみ用）　50g
- にんにく　3かけ
- さきいか　10g
- 桜えび（乾）　10g
- 赤みそ（またはみそ）　大さじ1

B
- 砂糖　小さじ1
- 粉とうがらし（粗びき）　大さじ2*

ごま油　カップ3/4

＊好みで大さじ3～4に増やしても。

使いごろ → つくってすぐから

保存 → 冷蔵庫で約3週間
※冬場は常温で保存してもよい。

1　ミックスナッツは粗く刻む。にんにく、さきいか、桜えびは粗みじんに切る。大きめのボウルにBを入れておく。

2　フライパンにA、ごま油を入れて弱火で3分間炒める。香りがたったら、1のボウルに加えて木べらでよく混ぜる（写真）。清潔な保存瓶（300㎖容量が最適）に入れて冷まし、具が油から出ないようにラップでピッタリと覆い、ふたをする。
［調理時間15分（冷ます時間は除く）］

香ばしく炒めた具の風味を粉とうがらしに含ませます。

ピーマンのラー油炒め

ほろ苦いピーマンのうま辛炒め。
好みの野菜でアレンジしても。

材料（2人分）
ピーマン　4コ（180g）
ごま油　小さじ1
食べるラー油（P.46参照）　大さじ1
［常備品］塩／こしょう

1 ピーマンは縦半分に切ってヘタと種を取り、一口大に切る。
2 フライパンにごま油を中火で熱して**1**を入れ、塩小さじ¼、こしょう少々をふり、しんなりするまで1分30秒間炒める。食べるラー油を加え、軽く炒める。
［1人分70kcal　調理時間5分］

にらとチーズの ラー油チャーハン

小気味よい食感がアクセントのピリ辛チャーハン。
チーズがトロッとしたアツアツのうちにどうぞ。

材料（2人分）

にら　⅓ワ（30g）
ピザ用チーズ　大さじ2
ご飯（温かいもの）　400g
食べるラー油（P.46参照）
　大さじ1
［常備品］サラダ油／
　しょうゆ／塩／こしょう

1　にらは2cm長さに切る。
2　フライパンにサラダ油大さじ1を中火で熱し、ご飯を入れてほぐすように2分間炒める。パラッとしたら、食べるラー油、にらを加えて炒める。
3　全体が混ざったら、フライパンの中央をあける。しょうゆ小さじ½を加え、焦がすように香りをたてて、サッと混ぜる。ピザ用チーズを加え、ところどころ溶かすように混ぜて、塩・こしょう各少々で味を調える。
［1人分460kcal　調理時間10分］

香味油

青とうがらし、しょうが、花椒の香りや辛み、うまみの
相乗効果で、深みのある味わいです。
炒め油に、スープや麺料理の仕上げに。

材料（つくりやすい分量）
青とうがらし（生）　5～6本
しょうが　1かけ（10g）
花椒（ホワジャオ）*　小さじ2
ごま油　カップ1
＊中国さんしょうの実を乾燥させたもの。

使いごろ → 2日後から　　**保存** → 冷蔵庫で約1か月間

夏

1　青とうがらしはヘタの先端を除き、種ごと1cm幅に切る。しょうがは皮付きのまま繊維に沿って薄切りにする。
2　小さめのフライパンに花椒を入れて弱めの中火で1分間ほどいり（写真）、粗熱を取る。
3　清潔な保存瓶（300mℓ容量が最適）に**1**と**2**を入れ、ごま油を注いでふたをし、常温で2日間おく。
［調理時間15分（花椒の粗熱を取る時間、常温でおく時間は除く）］

花椒は軽くいると、香りがたちます。

活用のヒント

きゅうりとミントの香味あえ麺

ミントの爽快感と香味油の辛みがピリッと効いた、
冷やし麺です。よく混ぜて召し上がれ。

材料（2人分）

きゅうり　1本（100g）
ミント（生）　1つかみ
そうめん　3ワ（150g）

A
- ナムプラー＊　小さじ2
- 香味油（P.50参照）　大さじ1～2
- レモン汁　小さじ2

［常備品］塩

＊小魚などを塩漬けにして発酵・熟成させたタイの魚醤《しょう》。

1　きゅうりは皮をしまむきにし、薄い輪切りにする。塩少々でもみ、5分間おく。

2　そうめんは袋の表示どおりにゆでて水でもみ洗いをし、水けをきる。Aを順にまぶして器に盛る。1の水けを絞り、ミントとともに添える。好みで香味油適宜（分量外）をかけ、全体を混ぜる。
［1人分340kcal　調理時間10分］

豚ひき肉ともやしの炒めナムル

いつもの炒め物が香味油でグレードアップ。
具によくなじんで、風味よく仕上がります。

材料（2人分）

豚ひき肉　100g
もやし　1袋（250g）
香味油（P.50参照）
　大さじ1

A
- 酒　大さじ1
- しょうゆ　小さじ⅓
- こしょう　少々

［常備品］塩／こしょう

1. もやしは塩小さじ⅓をまぶす。
2. フライパンに香味油を中火で熱して豚ひき肉を入れ、塩・こしょう各少々をふって1分30秒間炒める。もやしを加えてサッと炒める。
3. 2にAを順に加えてからめる。

［1人分200kcal　調理時間10分］

水キムチ

水キムチは夏バテの予防や解消におすすめの発酵食品。
植物性の乳酸菌が腸内環境を整えます。
栄養豊富な漬け汁まで、余すところなくいただきましょう。

材料（つくりやすい分量）

きゅうり　3本（300g）
ラディッシュ（葉は除く）
　10コ（100g）
セロリの茎　1本分（100g）
A［米のとぎ汁　カップ3
　 砂糖　小さじ2

B［りんご　¼コ（80g）
　 にんにく・しょうが（各薄切り）　各1かけ分
　 たまねぎ（すりおろす）　¼コ分（50g）
　 粉とうがらし（粗びき）　小さじ½
　 ナムプラー*　小さじ1
［常備品］塩
＊小魚などを塩漬けにして発酵・熟成させたタイの魚醤《しょう》。

食べごろ → 発酵してから　　**保存** → 冷蔵庫で約10日間

1　きゅうりは7mm幅の輪切りにする。ラディッシュは縦半分に切る。セロリは筋を除いて4cm長さ、1cm幅に切る。ボウルに合わせ、塩大さじ1をふって30分間おく。
2　鍋にAを入れ、混ぜながら中火で沸騰させ、火を止めて冷ます。
3　りんごは芯を除き、皮付きのまま縦半分に切って横に5mm厚さに切る。1の水けを絞って清潔な保存容器（2ℓ容量が最適）に入れ、Bを順に加えて2を注ぐ（写真）。ラップで表面をピッタリと覆ってふたをし、日の当たらない涼しい場所で1〜2日間おく。プクプクと泡立って発酵してきたらラップを取り、冷蔵庫に入れる。
［調理時間20分（野菜に塩をふっておく時間、発酵させる時間は除く）］

砂糖を溶かした米のとぎ汁で、発酵を促します。

活用のヒント

冷麺風そうめん

韓国では冷麺のスープに水キムチの漬け汁を使います。
ささ身のゆで汁を加えてつくるスープが絶品です。

材料（2人分）
そうめん　3ワ（150g）
鶏ささ身　2本（180g）
A［水　カップ2
　 酒　大さじ1
B［水キムチの漬け汁（P.54参照）　カップ1
　 しょうゆ・ごま油　各大さじ1
水キムチ　160g
［常備品］塩

1　ささ身は筋を除き、塩少々をすり込んで5分間おく。鍋にAを入れて沸かし、ささ身を加えてふたをし、弱火で2分間ゆでて火を止め、20分間おいて冷ます。ささ身は取り出し、粗くほぐす。ゆで汁にはBを加えて混ぜる（スープ）。
2　そうめんは袋の表示どおりにゆでて水でもみ洗いをし、水けをきって器に盛る。水キムチとささ身をのせ、1のスープを注ぐ。
［1人分460kcal　調理時間15分（ささ身を冷ます時間は除く）］

材料（2人分）
水キムチ（P.54参照）　100g
ご飯（冷やしたもの）　200g
木綿豆腐　½丁（150g）
A［水キムチの漬け汁　カップ1½
　 塩　小さじ¼
白ごま　適量

1　豆腐はペーパータオルで包んで10分間おいて水けをきり、一口大にちぎってボウルに入れる。水キムチ、ご飯を加えてサッと混ぜ、器に盛る。
2　Aを混ぜて塩を溶かし、**1**に注いで白ごまをふる。
［1人分260kcal　調理時間15分］

活用のヒント

キムチ冷飯《れいはん》

水キムチの漬け汁をだしがわりにした、冷たい汁飯です。
食欲のないときでもスルスルと食べられます。

あんずのバニラシロップ漬け

あんずはシロップに漬け込む前に軽くゆでます。
このひと手間で色鮮やかになり、
甘い香りのシロップを含んで、ふっくらに。

材料（つくりやすい分量）

あんず　10〜12コ（700g）
バニラビーンズ　1本

A
- グラニュー糖　400g
- 水　カップ4
- オレンジリキュール　小さじ2

食べごろ → 約3日後から　　保存 → 冷蔵庫で約1か月間

夏

1　あんずは表面のくぼみに沿ってナイフを入れて1周させ、ねじって半割りにし、種を除く。バニラビーンズは長さを半分に切る。

2　鍋にたっぷりの湯を沸かし、あんずを中火で2分間ゆでて（写真）、水けを拭く。

3　清潔な耐熱の保存瓶（800mℓ容量が最適）2コに、2とバニラビーンズを半量ずつ詰める。
※あんずは傷みやすいので、小さめの瓶に分けて保存する。

4　鍋にAを合わせて強めの中火で煮立て、混ぜながらグラニュー糖を溶かす。熱いうちに3の瓶の口ギリギリまで注ぎ、あんずが水面から出ないようにして冷ます。ふたをして冷蔵庫で3日間以上おく。
※あんずが水面から出るようなら、ラップでピッタリと覆ってからふたをする。

［調理時間20分（冷ます時間、冷蔵庫でおく時間は除く）］

実が柔らかい場合はくずれやすいので、2分間より短めに、サッと湯にくぐらせる程度で。

★あんずは7月上旬のごく短い期間に出回ります。

活用のヒント

あんずソーダ

あんずのバニラシロップ漬け（P.58参照）4切れと
あんずを漬けたシロップ大さじ4をグラスに入れ、
炭酸水カップ½を注ぎ、氷を加えます。
あんずをつぶしながら炭酸水と混ぜて。

材料（4人分）

あんずのバニラシロップ漬け
（P.58参照） 8切れ

レンジカスタード

- バニラビーンズ ¼本
- 卵黄 2コ分
- 砂糖 50g
- 薄力粉 大さじ2
- 牛乳 カップ1
- オレンジリキュール 小さじ1
- バター（食塩不使用） 大さじ1

1 バニラビーンズはさやから種をしごき出す。

2 耐熱ボウルに卵黄と砂糖を入れて泡立て器で白っぽくなるまですり混ぜる。薄力粉を茶こしでふるい入れて混ぜる。牛乳と**1**の種を加え、そっと混ぜる。

3 全体が混ざったら、ラップはせずに、電子レンジ（600W）に2分間かける。よく混ぜ、さらに電子レンジに2分間かける。オレンジリキュールとバターを加えて混ぜる。

4 あんずのバニラシロップ漬けを器に盛り、**3**を温かいまま添える。

［1人分190kcal 調理時間15分］

活用のヒント

あんずのレンジカスタード添え

電子レンジでできるお手軽カスタードクリームを添えて。
甘酸っぱいあんずのシロップ漬けとよく合います。

桃のシロップ漬け

傷みやすい桃もシロップに漬けると、ゆっくり楽しめます。
甘いバニラ風味でふっくらと煮た、ぜいたくな味わいです。
とっておきのデザートに。おもてなしにも喜ばれます。

材料（つくりやすい分量）

桃* 6コ

A
- 水 カップ4
- グラニュー糖 800g
- レモン汁 大さじ4
- オレンジリキュール カップ1/4
- バニラビーンズ 1本

＊白桃、黄桃、どちらでもよい。

夏

食べごろ → 冷めたら

保存 → 冷蔵庫で約2週間
※桃がシロップに完全につかった状態を保つ。

1 桃は表面のくぼみに沿ってナイフを入れて1周させ、ねじって半割りにする。果肉と種の間にナイフを入れて1周させ、スプーンで種をくりぬく。

2 鍋にAを混ぜてグラニュー糖を溶かす。桃を並べ、厚手のペーパータオル（不織布タイプ）をかぶせて（写真）弱火で煮立たせ、4〜5分間煮る。途中、アクが出たら取る。桃を水にとって温かいうちに皮をむく。

3 鍋に残ったシロップを煮立たせて火を止め、桃を戻し入れて冷めるまでおき、清潔な保存容器（3ℓ容量が最適）に入れる。

［調理時間20分（冷ます時間は除く）］

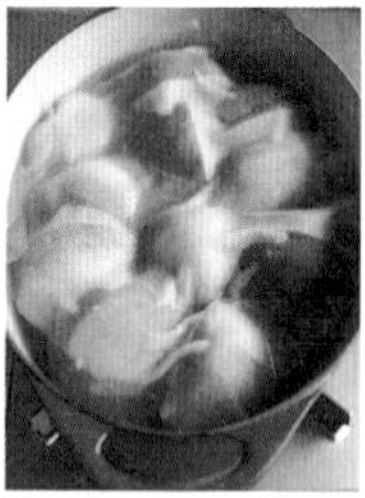

桃がシロップから出て乾かないように、ペーパータオルをかぶせます。

活用のヒント

桃のシロップソーダ

桃を漬けたシロップ大さじ3と炭酸水カップ3/4を混ぜます。
甘くふくよかな香りを楽しんで。

活用のヒント

桃寒天

桃のシロップ漬けをフルフル寒天に。
薄紅色に染まったシロップも活用します。

夏

材料（18×14×高さ4cmのバット1台分）
桃のシロップ漬け（P.62参照）　1切れ

- A
  - 桃を漬けたシロップ　カップ$1\frac{1}{4}$
  - 粉寒天　4g

1. 桃のシロップ漬けは縦に7mm幅に切る。
2. 鍋にAを入れ、木べらで混ぜながら中火にかける。煮立ってから2〜3分間、混ぜながら煮て、寒天をよく溶かす。
3. バットを水にサッとくぐらせて**1**を並べ、**2**を回しかける。水をはった一回り大きいバットにのせて粗熱を取る。固まってきたら大きいバットから外し、冷蔵庫で30分〜1時間冷やす。食べやすく切って器に盛る。

［全量480kcal　調理時間15分（粗熱を取る時間、冷やす時間は除く）］

秋

ni《ニ》

Tsu《ツ》 ke《ケ》 ru《ル》

洋梨酒

くりのブランデーシロップ漬け

紅白サングリア

柿酢

チャツネ

チーズのオイル漬け

いちじくのスパイス酒

洋梨酒

洋梨の華やかな香りがエレガントな果実酒です。
洋梨は甘みが強いので、糖分は控えめに。
レモンの果肉を加えて爽やかに仕上げます。

材料（つくりやすい分量）
洋梨　（大）2コ（700g）
レモン（国産）　2コ
はちみつ　カップ1
ウオツカ　1本（750mℓ）

飲みごろ → 4～5か月後から

保存 → 常温で約1年間
※洋梨は6～7か月たったら取り除く。

1　洋梨は皮付きのまま四つ割りにする（芯と種はつけたままでよい）。レモンは好みで皮をむき、横に3～4等分に切る。
2　清潔な保存瓶（2ℓ容量が最適）に洋梨を入れ、レモンとはちみつを順に加える。ウオツカを注ぎ、常温で4～5か月間おく。
［調理時間15分（常温でおく時間は除く）］

活用のヒント

洋梨のフローズンカクテル

酒に漬けた洋梨1～2切れは皮と芯を除いて刻み、
洋梨酒カップ¾と混ぜて冷凍庫で凍らせます。
氷適量とともにミキサーでかくはんし、
好みでレモン汁を加えて。

洋梨の簡単サバラン

ブリオッシュに洋梨酒をしみ込ませて。

材料（2人分）とつくり方
1　生クリームカップ½とグラニュー糖10gを泡立て器で七分《ぶ》立てにする。
2　ブリオッシュ2コを洋梨酒約カップ½にサッとつけてグラニュー糖少々をまぶし、器に盛る。あれば酒に漬けた洋梨適量を食べやすく切って、1とともに添える。
［1人分480kcal　調理時間10分］

くりのブランデーシロップ漬け

甘露煮や渋皮煮よりすっきりとした甘さで、芳醇《ほうじゅん》な香り。
コーヒーや紅茶のお茶請《う》けによく合います。
焼き菓子のフィリングなど、お菓子に活用できるのも魅力。

材料（つくりやすい分量）

くり　1kg

A［ きび糖　350g
　 水　カップ2

B［ ブランデー　大さじ2
　 しょうゆ　小さじ½

［常備品］塩

食べごろ → 3日後から　　保存 → 冷蔵庫で約1か月間

1　くりは大きめのボウルに入れ、ぬるま湯（40～50℃）をヒタヒタに注ぎ、2時間おいて（写真1）水けをきる。
2　くりの鬼皮の堅い部分を切り落とし、鬼皮と渋皮をむく。
3　水1ℓに塩小さじ1を混ぜた塩水に**2**を入れ、20分間おいてアクを抜き、水けをきる。
4　鍋に**3**を入れ、水をヒタヒタに注いで中火にかける。煮立ったら弱火にし、竹串がスッと通るまで30分間ほどゆでて湯をきる。
5　別の鍋にAを入れて中火で煮立たせ、**4**を加える。厚手のペーパータオル（不織布タイプ）で紙ぶたをし、ごく弱火で15分間煮て火を止める。Bを加えてサッと混ぜ（写真2）、冷ます。清潔な保存瓶（1ℓ容量が最適）に入れ、冷蔵庫で3日間おく。
［調理時間2時間（くりをぬるま湯に浸しておく時間、冷ます時間は除く）］

1
ぬるま湯に浸すと鬼皮がむきやすくなります。水に一晩浸しても。

2
ブランデーは香りがとばないように、火を止めてから加えます。

マロンシャンテリー

くりをつぶしながら、
ホイップクリームに混ぜていただきます。

材料（2人分）

くりのブランデーシロップ漬け（P.68参照）　4コ

A［ 生クリーム　カップ½
　 グラニュー糖　10g

くりを漬けたシロップ　適量

1　ボウルにAを入れ、泡立て器で八分《ぶ》立てにする。

2　器にくりのブランデーシロップ漬けと**1**を盛り、シロップをかける。
［1人分350kcal　調理時間7分］

くり白玉

くりあんみつ風の和風デザート。
みつのかわりに、くりを漬けたシロップで。

材料（2〜3人分）

くりのブランデーシロップ漬け（P.68参照）　6コ
白玉粉　25g
絹ごし豆腐　50g
バナナ　½本（100g）
柿　¼コ（60g）
粒あん（市販）　40g
くりを漬けたシロップ　適量

1　白玉粉と豆腐をボウルに入れ、よく練り混ぜる。耳たぶより少し柔らかい堅さになったら、10等分にして直径1cmに丸め、中央を少しくぼませる。

2　鍋にたっぷりの湯を沸かして**1**を入れ、浮き上がってから2分間ゆでる。冷水にとって冷まし、水けをきる。

3　バナナは皮をむいて1cm幅の輪切りにする。柿は皮をむいて種を取り、一口大に切る。

4　器に**2**、**3**、粒あん、くりのブランデーシロップ漬けを等分に盛り、シロップをかける。
［1人分210kcal　調理時間20分（白玉を冷ます時間は除く）］

活用のヒント

紅白サングリア

半日でできるサングリアです。長く漬け込まないので、
ブランデーやリキュールで熟成感を出します。
ホットワインのように温めて楽しんでも。

 ★いちじくは旬が2回あり、6～7月と8～10月に出回ります。

白ワインのサングリア

材料（つくりやすい分量）

洋梨　（大）2コ（700g）
バナナ　1本（200g）
グレープフルーツ（ルビー）
　1コ（300g）
A［はちみつ　大さじ4
　 オレンジリキュール　カップ¼
ミント（生）　1つかみ
白ワイン　カップ3

飲みごろ → 半日後から　　**保存** → 冷蔵庫で1日間

1　洋梨は皮をむいて八つ割りにし、芯と種を除く。バナナは皮をむき、1cm幅の輪切りにする。グレープフルーツは皮をむき、房から果肉を取り出す。
2　清潔な保存瓶（2ℓ容量が最適）にAを入れ、混ぜる。**1**を加えてからめ、5分間おく。ミントを加えて白ワインを注ぎ、冷蔵庫で半日間おく。
［調理時間15分（冷蔵庫でおく時間は除く）］

赤ワインのサングリア

材料（つくりやすい分量）

オレンジ　1コ（200g）
りんご　1コ（300g）
いちじく　4コ（280g）
ざくろ　1コ（120g）
A［グラニュー糖　大さじ4
　 オレンジジュース　カップ¼
　 ブランデー　大さじ2
プルーン（生またはドライ）　8コ
シナモンスティック（半分に折る）　2本分
赤ワイン　カップ3

1　オレンジは皮をむいて1cm厚さの輪切りにする。りんごは芯を除いて皮付きのまま5mm幅のいちょう形に切る。いちじくは軸を除き、皮付きのまま四つ割りにする。ざくろは果肉を取り出す。
2　清潔な保存瓶（2ℓ容量が最適）にAを入れて混ぜ、**1**、プルーン、シナモンスティックを加えて赤ワインを注ぎ、冷蔵庫で半日間おく。
［調理時間15分（冷蔵庫でおく時間は除く）］

活用のヒント

紅白ネクター

紅白サングリア各カップ¾を
果肉各適量とともに
それぞれミキサーでかくはんします。

柿酢

柿を酢漬けにし、柿の皮についた酵母で発酵させます。
熟成した果肉をつぶして酢となじませたら完成です。
調理酢として料理に、水や炭酸水で割ってドリンクに。

材料（つくりやすい分量）

柿* 6コ（1.5kg）
黒酢 約カップ3

＊できれば無農薬のもの。

使いごろ → 果肉をつぶしたら　**保存** → 冷蔵庫で約2か月間

1 柿は布巾やペーパータオルで皮をサッと拭くか水でサッと洗い、水けを拭く。ヘタを除いて皮付きのまま四～六つ割りにし、種があれば除く。清潔な保存瓶（1ℓ容量が最適）にきっちりと入れ、黒酢をヒタヒタに注ぐ。瓶の口を厚手のペーパータオル（不織布タイプ）で覆って輪ゴムでとめ、常温で2週間以上おく（写真1）。

2 柿の汁けをきってボウルに取り出し、麺棒などで果肉をつぶす（写真2）。保存瓶に戻し、清潔なレードルやゴムべらで漬け汁と混ぜ合わせ、冷蔵庫に入れる。

［調理時間15分（常温でおく時間は除く）］

1

密封せずに常温でおき、
発酵させます。

2

果肉が多少残るくらいに
つぶします。

柿酢のもうひとつの楽しみ方

柿のピクルス

常温において2週間後。
軽く発酵して、果肉は黒っぽく熟成します。
この状態でピクルスとして楽しんでも。

活用のヒント

さつまいもの柿酢グラッセ

柿酢の甘酸っぱさでさっぱりしながらも、
さつまいもの甘みが際立ちます。

秋

材料（つくりやすい分量）

さつまいも　（大）½本（200g）

A
- 水　カップ½
- 柿酢（P.74参照）　カップ¼
- バター　大さじ2
- はちみつ　大さじ2
- 塩　1つまみ

1　さつまいもは皮付きのまま1.5cm厚さの半月形に切り、水に5分間さらす。

2　さつまいもの水けをきり、Aとともに小さめの鍋に入れる。オーブン用の紙で落としぶたをし、中火にかける。煮汁が少なくなり、竹串がスッと通るまで10分間ほど煮る。

［全量640kcal　調理時間20分］

材料（2人分）
鶏手羽元　8本（480g）
A
- 柿酢（P.74参照）　カップ½
- しょうゆ　大さじ2
- 赤とうがらし　1本

［常備品］塩／こしょう／オリーブ油

1　手羽元は塩小さじ¼、こしょう少々をふる。赤とうがらしは半分に折り、種を除く。
2　フライパンにオリーブ油小さじ2を中火で熱し、手羽元を並べる。転がしながら、全面を4分間ほどこんがりと焼く。
3　2にAを順に加え、煮立ったら弱めの中火にし、ふたをして10分間ほど煮る。
［1人分410kcal　調理時間20分］

活用のヒント

鶏手羽元の柿酢煮

手羽元を香ばしく焼いてから柿酢でこっくりと煮ます。
ふっくらと柔らかく、ご飯がすすむ味。

チャツネ

ドライプルーンがベースで、濃厚な味わいです。
カレー、肉の煮込みやソテーのコクづけに。
相性のよいウスターソースと合わせて使っても。

材料（つくりやすい分量）

ドライプルーン（種抜き）　240g
紫たまねぎ　（小）1コ（150g）
カルダモン（ホール）[*1]　1粒
シナモンスティック　1本
クローブ（ホール）[*2]　4～5粒
三温糖（またはきび糖）　80g
しょうが（すりおろす）　1かけ分
赤ワインビネガー　80mℓ

＊1　ほろ苦く清涼感のある風味をもつスパイス。
＊2　甘く刺激的な風味をもつスパイス。

使いごろ → つくってすぐから
※約2か月間冷蔵庫でねかせるとまろやかになり、さらにおいしくなる。

保存 → 冷蔵庫で約3か月間

1　ドライプルーンは細かく刻む。紫たまねぎは2cm角に切る。カルダモンはつぶす。シナモンスティックは半分に折る。
2　厚手の鍋にすべての材料と水カップ1¼を入れて中火にかけ、サックリと混ぜながら煮立たせる（写真）。弱めの中火にし、ふたを少しずらしてのせる。時々混ぜながら30～40分間、トロリとするまで煮る。
3　火から下ろして冷まし、清潔な保存瓶（500mℓ容量が最適）に入れる。
［調理時間50分（冷ます時間は除く）］

三温糖が溶けて、全体になじむように混ぜます。

活用のヒント

豚肉の洋風しょうが焼き

チャツネ＆バターで、
いつものしょうが焼きが洋風のごちそうに。

材料（2人分）

豚薄切り肉（しょうが焼き用）　6枚（240g）

A
- チャツネ（P.78参照）　大さじ2
- 酒　大さじ1
- しょうゆ　小さじ1

バター　小さじ2

ベビーリーフ　適量

［常備品］塩／こしょう／小麦粉／オリーブ油

1　豚肉は焼くときに縮まないように、脂身と赤身の間にある筋を包丁で刺すように切る。塩・こしょう各少々をふり、小麦粉を薄くはたく。Aは混ぜておく。

2　フライパンにオリーブ油小さじ2を中火で熱して豚肉を入れ、両面を1分30秒間ずつ、こんがりと焼く。Aを加えてからめる。

3　バターを加えてサッとからめ、器に盛る。ベビーリーフを添える。

［1人分430kcal　調理時間10分］

材料（2人分）
プロセスチーズ（1cm角×2.5cm長さの棒状に切る）
12本（約50g）
チャツネ（P.78参照）　50g
春巻の皮　6枚
［常備品］小麦粉／サラダ油

1　小麦粉小さじ2を同量の水で溶く。
2　春巻の皮1枚は対角線上を切って半分の三角形にし、頂点を奥にし、三角形2枚をややずらして重ねる。チーズ2本を並べて置き、チャツネの1/6量をのせ、左右の皮を折り、手前から巻く。巻き終わりに**1**を塗ってとめる。残りも同様にして合計6本つくる。
3　フライパンにサラダ油を2〜3cm深さまで入れて170℃に熱し、**2**を3〜4分間、途中上下を返して、きつね色になるまで揚げる。
［1人分350kcal　調理時間20分］

チーズ春巻

プルーンの甘みがチーズとよく合います。
おやつに、お酒のつまみに。

活用のヒント

チーズのオイル漬け

しっとりとコクのある口当たりで、ワインに合うストックです。
オイルごとサラダやマリネ、パスタやピザに活用できます。
好みのハーブやスパイスでアレンジを楽しんでも。

材料（つくりやすい分量）

モッツァレラチーズ（小）* 100g

A
- ローズマリー（生） 1枝
- ローリエ 1枚
- 黒こしょう（粒） 小さじ1

［常備品］オリーブ油

＊大きいものを使うなら一口大に切る。

食べごろ → 翌々日から　　保存 → 冷蔵庫で約5日間
※二晩おく時間も含む。

秋

1 モッツァレラチーズは水けをきり、ペーパータオルで拭く。

2 清潔な保存瓶（350mℓ容量が最適）にAとチーズを入れ、オリーブ油約カップ1¼をかぶるくらいに注ぐ。冷蔵庫で二晩おいてなじませる。
［調理時間5分（なじませる時間は除く）］

チーズトースト

パンさえあれば手軽にできる、
おしゃれトースト。

材料（2人分）
チーズのオイル漬け（P.82参照）　8コ
バゲット　½本
チーズを漬けたオイル　大さじ1
オイル漬けのローズマリー　1枝

1　バゲットは縦半分に切る。それぞれの断面にチーズを漬けたオイルを半量ずつ全体にふり、オイル漬けのローズマリーをちぎって等分に散らす。
2　チーズのオイル漬けを均等にのせ、オーブントースターで3分間焼く。
［1人分270kcal　調理時間5分］

材料（2人分）

チーズのオイル漬け（P.82参照）　6コ

レタス　200g

A
- チーズを漬けたオイル　大さじ2
- 酢　大さじ1
- フレンチマスタード　小さじ1
- 塩　小さじ⅓
- こしょう　少々

1　レタスは一口大にちぎり、水につけてパリッとさせる。器に盛り、チーズのオイル漬けを散らす。

2　Aを混ぜてドレッシングをつくり、**1**にかける。
［1人分180kcal　調理時間5分］

チーズとレタスのサラダ

香りのよいオイルをドレッシングに。
好みの野菜をミックスしても。

活用のヒント

いちじくのスパイス酒

いちじくをスパイスと一緒にジンに漬け込みます。
ロックやソーダ割りで楽しむのはもちろん、
ソテーやステーキなど肉料理の風味づけに。

材料（つくりやすい分量）

いちじく　（大）8コ（800g）
氷砂糖　800g
A
- 八角*　4コ
- シナモンスティック（半分に折る）　2本分
- ローリエ　2枚

ジン　カップ6

＊中国料理などでよく使われる甘い香りをもつスパイス。

1　いちじくは軸を除き、皮付きのまま縦半分に切る。
2　清潔な保存瓶（4ℓ容量が最適）に氷砂糖、いちじく、Aを順に適量ずつ交互に入れる。ジンを注ぎ、ふたをして常温で3か月間おく。
［調理時間15分（常温でおく時間は除く）］

秋

飲みごろ → 3か月後から　　保存 → 常温で約1年間
※いちじくは半年たったら取り除く。

活用のヒント

いちじくのジンソーダ

いちじくのスパイス酒大さじ3〜4と
炭酸水カップ½を混ぜます。
スパイシーな香りを楽しんで。

いちじくのココナツシェイク

いちじくのスパイス酒大さじ4、
ココナツミルクカップ½、酒に漬けたいちじく1切れ、
氷適量をミキサーでかくはんします。

★いちじくは旬が2回あり、6〜7月と8〜10月に出回ります。

活用のヒント

いちじくの スパイシーポークソテー

いちじくとスパイスの風味がついて、
いつものポークソテーがワンランクアップ。

材料（2人分）
豚肩ロース肉（ソテー用）　2枚（240g）
にんにく（つぶす）　1かけ分
酒に漬けたいちじく（P.86参照）　2切れ
いちじくのスパイス酒　大さじ2
クレソン　適量
［常備品］塩／こしょう／オリーブ油

1　豚肉は塩小さじ⅓、こしょう少々をふる。フライパンにオリーブ油小さじ2、にんにくを入れて弱火にかけ、香りがたったら豚肉といちじくを加えて中火にし、豚肉の両面を2分間ずつ焼く。
2　1にいちじくのスパイス酒を回しかけてアルコールをとばす（火が上がることがあるので注意）。肉を取り出してアルミ箔《はく》で包んで5分間休ませ、食べやすく切る。
3　器に盛り、焼き汁をかける。にんにく、いちじく、クレソンを添える。
［1人分390kcal　調理時間15分］

秋

冬 ni《ニ》

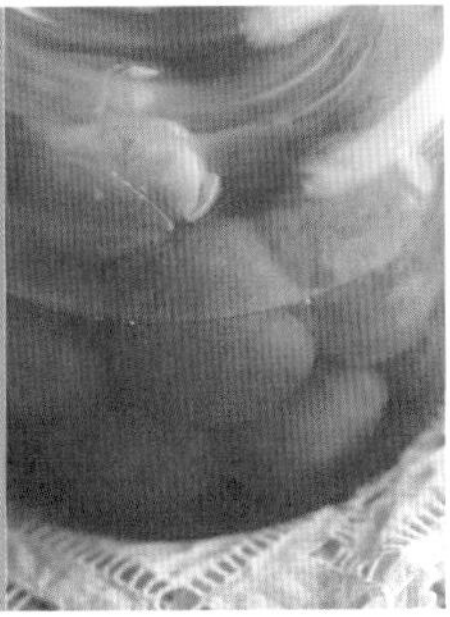

Tsu《ツ》 ke《ケ》 ru《ル》

ミンスミート

ジンジャーシロップ＆しょうが糖

レモンチェッロ

スパイシーブランデー

柚子《ゆず》茶の素《もと》

きんかんの甘酢漬け

ミンスミート

ドライフルーツや果物をスパイスと
ラム酒で漬け込んだ、イギリスの伝統的な保存食。
焼き菓子のフィリング、アイスクリームやヨーグルトのトッピングに。

材料（つくりやすい分量）

ドライフルーツ（クランベリー・プルーン・オレンジピール・あんず）　各50g
くるみ（ローストしたもの）　100g
りんご（あれば紅玉）　2コ（320g）
三温糖（またはきび糖）　100g

A
- ラム酒（ダーク）　カップ1/3
- オレンジ果汁　大さじ3
- クローブ*1（ホール）・シナモン（粉）・オールスパイス*2（粉）　各小さじ1/2

［常備品］オリーブ油

＊1　甘く刺激的な風味をもつスパイス。
＊2　ミックススパイスのような深い香りをもつスパイス。

食べごろ → 1～2か月後から　　**保存** → 冷蔵庫で約半年間
※なじませるまでおく時間も含む。

1　ドライフルーツはぬるま湯でサッと洗って水けをしっかり拭き、大きいものは5mm角に切る。くるみも同じ大きさに刻む。りんごは芯と種を除き、皮付きのまま5mm角に切る。
2　鍋にオリーブ油（またはバター〈食塩不使用〉）大さじ4強（50g）を弱めの中火で熱し、りんごを2分間ほど炒める（写真）。しんなりしたら、ドライフルーツ、くるみを加えてさらに炒める。油がなじんだら三温糖を加え、よくなじませるように炒める。
3　火を止めてAを加え、全体をよく混ぜてなじませ、冷ます。清潔な保存瓶（800mℓ容量が最適）に入れ、表面をラップでピッタリと覆い、ふたをする。冷蔵庫で1～2か月間おいてなじませ、ラップを取る。
［調理時間15分（冷ます時間、なじませる時間は除く）］

りんごは炒めて水分と酸味をとばし、甘みを引き出します。

活用のヒント

簡単ミンスパイ

パイシートでつくるお手軽パイ。
ワインに合うスイーツです。

材料（9コ分）

ミンスミート（P.90参照）　100g
冷凍パイシート（18cm四方）　1枚
グラニュー糖　適量
卵黄（溶きほぐす）　適量

1　パイシートは常温で5～10分間おいて半解凍させ、麺棒で一回り大きくのばす。
2　まな板にグラニュー糖をサッとふって1を置き、ミンスミートを均等に散らして手前からクルクルと巻く。端から2cm厚さに切る。
3　オーブン用の紙を敷いた天板に2を並べ、卵黄を表面に塗る。180℃に温めたオーブンで10分間焼き、200℃にしてさらに4～5分間、こんがりと焼く。
［1コ分100kcal　調理時間30分］

冬

材料（2人分）
ミンスミート（P.90参照）
60g
バター* 80g
食パン（サンドイッチ用）
8枚
＊常温で戻して柔らかくしておく。

1 バターはボウルに入れ、泡立て器でふんわりと白っぽくなるまで泡立てる。ミンスミートを加えてサッと混ぜる。

2 食パン4枚に**1**を等分にのせ、ゴムべらでならす。食パンを1枚ずつ重ね、みみを切り落として食べやすく切り分ける。

［1人分540kcal　調理時間10分］

ミンスミートバターサンド

ふんわりと泡立てたバターとサンドイッチに。
バターはホイップクリームにしても。

活用のヒント

ジンジャーシロップ&しょうが糖

しょうがをスパイスと黒砂糖に漬けてシロップに、
こしたあとのしょうがはしょうが糖に。
寒い季節にホッと一息、体も心も温まります。

材料(つくりやすい分量)

しょうが　300g

A
- 黒砂糖　300g
- 赤とうがらし　3本
- シナモンスティック　1本
- クローブ(ホール)*　小さじ1

グラニュー糖　200g

*甘く刺激的な風味をもつスパイス。

使いごろ → ジンジャーシロップはつくってすぐから。
しょうが糖は2~3日後から

保存 → ジンジャーシロップは冷蔵庫で1~2か月間。
しょうが糖は常温で約1か月間

活用のヒント

ジンジャーネード

ジンジャーシロップ大さじ3と
湯カップ¾を混ぜます。
寝る前におすすめのホットドリンク。

1　しょうがは汚れがあればスプーンでこそげ取る。皮付きのまま繊維に垂直に2mm幅に切る。赤とうがらしは種ごと半分に折る。シナモンスティックも半分に折る。鍋にしょうがとAを入れてよく混ぜ、水分が出るまでそのまま2~3時間おく(写真)。

2　1に水カップ3を加えて強火で煮立たせる。アクを取って弱火にし、ふたをして30~40分間煮る。吹きこぼれそうになったら、ふたを少しずらす。火を止め、ふたをしたまま常温で一晩(または半日間)おいて冷ます。

3　ボウルにざるを重ね、2をこしてシロップを取り、清潔な保存瓶(500mℓ容量が最適)に入れる(ジンジャーシロップ)。ざるからしょうがを取り出してバットに広げ、グラニュー糖をたっぷりとまぶす。そのまま室内で2~3日間おいてしっかり乾かし、清潔な保存容器(800mℓ容量が最適)に入れる(しょうが糖)。
※残ったスパイス類は捨てても、一緒に保存しても。

[調理時間1時間(しょうがの水分を出す時間、常温でおく時間、しょうが糖を乾かす時間は除く)]

しょうがから水分とともにエキスが出て、香りがたちます。

活用のヒント

みかんのジンジャーマリネ

ジンジャーシロップで、
フルーツをスパイシーなマリネに。

冬

材料（つくりやすい分量）

みかん　4コ（280 g）

A［ ジンジャーシロップ（P.94参照）　大さじ3
　　レモン汁　小さじ2

［常備品］黒こしょう（粗びき）

1　みかんは皮をむき、小房に分けるか食べやすい大きさに切って好みで薄皮をむく。ボウルに入れ、Aを順に加えてサックリとあえる。

2　器に盛り、黒こしょう少々をふる。
［全量240kcal　調理時間5分］

活用のヒント

ジンジャーフレンチトースト

フレンチトーストの甘みをジンジャーシロップで。
おなかがじんわり温まるので、冬の朝食の定番に。

材料（2人分）

食パン（4枚切り）　2枚
卵　2コ
A［牛乳　カップ1
　ジンジャーシロップ（P.94参照）　大さじ2
バター　大さじ2
B［バター　適宜
　ジンジャーシロップ　適宜

1　ボウルに卵を割り入れてフォークでよく溶きほぐし、Aを加えて混ぜる。
2　食パンは半分に切り、ジッパー付き保存袋に並べ入れる。**1**を加えて2時間以上おく。途中、上下を返してまんべんなく味を含ませる。
3　フライパンにバターを弱火で溶かして**2**を入れ、ふたをして5〜6分間焼く。上下を返して同様に焼く。ふたを取って火を少し強め、両面を1分間ずつ焼く。器に盛り、好みでBをかける。
［1人分570kcal　調理時間20分（パンに味を含ませる時間は除く）］

レモンチェッロ

イタリアの伝統的なリキュールを自家製で。
レモンの皮をウオツカに漬けて香りと色を移します。
ストレートかロックで食前酒や食後酒に。炭酸水で割っても。

材料（つくりやすい分量）

レモン（国産）の皮[*1]
18〜20コ分（約100g）

スピリタス[*2]　1ℓ

A［水　1ℓ
　 グラニュー糖　700g

＊1　黄色い皮の部分だけを使う（白いワタは苦みが出るので除く）。
＊2　ウオツカの一種で、アルコール度数が高い（96度）。スピリタス以外のウオツカ（40度以上）で代用しても。

飲みごろ → こしてすぐから

保存 → 常温で約1年間

1　レモンの皮はレモンゼスター（専用の皮むき器）やピーラーで細切りにするか、包丁で薄くそぐように切る。清潔な保存瓶（3ℓ容量が最適）に入れてスピリタスを注ぐ（写真）。レモンの皮が白くなるまで、常温で4〜5日間おく。

2　鍋にAを入れて強火で煮立たせ、グラニュー糖を完全に溶かして冷ます。**1**に加え、常温で1週間〜10日間おく。

3　ボウルにざるを重ね、ガーゼか厚手のペーパータオル（不織布タイプ）を敷き、**2**をこす。清潔な保存瓶（3ℓ容量が最適）に注ぐ。
※ざるに残った皮は捨てる。

［調理時間1時間（レモンの皮が白くなるまでおく時間、Aを冷ます時間と加えておく時間は除く）］

レモンの皮を漬け、エキスを抽出します。

活用のヒント

アイスのレモンチェッロがけ

好みのアイスクリームに
レモンチェッロをたっぷりかけて。
かき氷のシロップにも。

レモンチェッロスカッシュ

レモンチェッロ大さじ2と
炭酸水カップ¾を混ぜます。
大人のレモンスカッシュです。

スパイシーブランデー

黒こしょうと赤とうがらしの辛みが刺激的。
肉のステーキやソテーの焼き上がりにひとふり。
テーブル調味料として、食卓で料理の味変えを楽しんでも。

材料（つくりやすい分量）
黒こしょう（粒）　大さじ2
赤とうがらし　10本
ブランデー　カップ¾

使いごろ → 10日後から

保存 → 常温で半年間
※1か月たったら、好みでこしてもよい。少なくなったらブランデーをつぎ足すとよい。

冬

1　清潔な保存瓶（250mℓ容量が最適）に黒こしょうを入れる。
2　赤とうがらしは指で軽く折って少し切り目を入れ、**1**に加える。ブランデーを注ぎ、常温で10日間ほどおく（写真）。
［調理時間5分（常温でおく時間は除く）］

漬けたてはクリアですが、時間とともに色づきます。

スパイシーステーキ

スパイシーブランデーの風味で、
安めのお肉でも極上の味わいに。

材料（2人分）
牛肉（ステーキ用）*
　2枚（200g）
にんにく（つぶす）　1かけ分
スパイシーブランデー
　（P.100参照）　小さじ1〜2
クレソン　適量
［常備品］塩／こしょう／
　サラダ油
＊焼く2時間前に冷蔵庫から出しておく。

1 牛肉は焼く直前に塩小さじ⅓、こしょう少々をふる。フライパンにサラダ油小さじ1、にんにくを弱火にかけ、香りがたったら中火でよく温める。牛肉の両面を40秒〜1分間ずつ焼き、側面を40秒間ずつ焼く。火を止め、脂を拭く。

2 スパイシーブランデーを牛肉にふる。アルミ箔《はく》で牛肉を包んで10分間おく。食べやすい大きさに切って器に盛り、クレソンを添える。
※食べるときに〝追いスパイシーブランデー〟をしても。

［1人分240kcal　調理時間15分］

いちごのスパイシーマリネ

いちごの甘酸っぱさのあと、
ヒリヒリと辛い余韻が残ります。

材料（2〜3人分）

いちご　20コ

グラニュー糖　大さじ1

A［スパイシーブランデー（P.100参照）　小さじ1
　 レモン汁　大さじ2

ローズマリー（生）　1枚

1　いちごはヘタを取り、半量を縦半分に切る。

2　ボウルにすべてのいちごを入れてグラニュー糖を加え、ゴムべらで混ぜてなじませる。

3　Aを加え、ローズマリーの葉を摘んで加える（茎は入れない）。ゴムべらでサックリと混ぜ合わせ、20分間おいてマリネする。

［1人分60kcal　調理時間10分（マリネする時間は除く）］

活用のヒント

柚《ゆ》子《ず》茶の素《もと》

本場・韓国では、皮と果肉とワタを刻んで、
生のまま砂糖に漬け込むのが主流ですが、
加熱するレシピなので、ジャムとしても楽しめます。

材料（つくりやすい分量）
柚子　3コ（約400g）
はちみつ　300g

食べごろ → つくってすぐから　　保存 → 冷蔵庫で約3週間

冬

1　柚子は横半分に切ってから縦半分に切る。皮から果肉をワタごと外し、種を取る（写真1）。果肉とワタは粗く刻み、果汁が出るので手早くボウルに入れる。種はお茶用の不織布パックに入れる。皮はなり口を除き、細切りにする。
2　鍋に皮とはちみつを入れ、常温で20分〜1時間おく。果肉、ワタ、果汁、水大さじ4を加えて強火にかける。煮立ったら中火にし、耐熱のゴムべらで混ぜながら5分間煮る。
3　アクを取って種を加え、さらに混ぜながら5分間ほど煮る（写真2）。種を除き、温かいうちに清潔な耐熱の保存瓶（500mℓ容量が最適）に入れ、冷めたらふたをする。
［調理時間20分（常温でおく時間、冷ます時間は除く）］

1

皮、ワタごとの果肉、種、果汁、すべて余すところなく使います。

2

種の周りにもペクチンが含まれるので、とろみづけに加えます。

活用のヒント

柚子茶

柚子茶の素大さじ1に
湯カップ¾を注いで混ぜると
香りがフワッと漂い、
ホッと和みます。

活用のヒント

焼きカマンベールの柚《ゆ》子《ず》茶のせ

柚子茶の素《もと》をジャムのようにチーズにのせて。ワインによく合います。

冬

材料（つくりやすい分量）

カマンベールチーズ　1コ（100g）
柚子茶の素《もと》（P.104参照）　大さじ2
クラッカー　適量

1　カマンベールチーズは上部の白かび部分を切り取る。オーブントースター用の天板に置き、柚子茶の素をのせる。
2　軽く温めたオーブントースターで、チーズがトロッと溶けるまで3分間ほど焼く。器に盛り、クラッカーを添える。
［全量380kcal　調理時間5分］

材料（2人分）
厚揚げ　1枚（160g）
柚子みそ（つくりやすい分量）＊
［ 白みそ　50g
　 柚子茶の素（P.104参照）　大さじ1
＊保存容器に入れて冷蔵庫で約1週間保存可能。

1　厚揚げは熱湯をかけて油抜きをし、ペーパータオルで拭いて8等分に切る。
2　耐熱容器に入れ、ふんわりとラップをして電子レンジ（600W）に2分間かける。
3　器に盛り、柚子みその材料をよく混ぜて適量をのせる。
　［1人分150kcal　調理時間5分］

厚揚げの柚子みそのせ

活用のヒント

柚子茶の素があれば、柚子みそがいつでも手軽に。
ふろふき大根、こんにゃくや里芋の田楽にも。

きんかんの甘酢漬け

定番の甘煮よりさっぱりとして、料理に活用できます。
甘酢ごと温野菜とあえたり、サラダやマリネに。
お湯で割ってホットサワードリンクにも。

材料（つくりやすい分量）

きんかん　400g

A
- グラニュー糖　280g
- 酢　カップ1
- 水　カップ½

食べごろ → つくってすぐから

保存 → 冷蔵庫で約3週間

1　きんかんはなり口を竹串で取る。皮に5～6本、縦に切り込みを入れる。

2　鍋に湯を沸かし、1を入れて中火で3分間ゆでる。湯をきって手早くボウルに移す。水を2～3回かえながら流水に20分間さらす。水けをきって取り出し、切り込みから竹串で種を取り（写真）、水けを拭く。

3　鍋をきれいにして2とAを入れ、中火で煮立たせる。アクを取ってオーブン用の紙で落としぶたをし、さらにふたをして弱火で20分間煮る。

※吹きこぼれそうになったら、ふたを少しずらすとよい。

4　火を止め、そのまま冷ます。冷めたら紙を取り、清潔な保存瓶（1ℓ容量が最適）に入れる。

［調理時間1時間10分（冷ます時間は除く）］

切り込みを入れてからゆでると、種が外れやすくなります。

活用のヒント

きんかんとサーモンのオニオンサラダ

きんかんは具に、
甘酢はドレッシングに活用します。

冬

材料（2人分）

きんかんの甘酢漬け（P.108参照）　6コ
スモークサーモン　4枚（30g）
たまねぎ　½コ（100g）
A
- オリーブ油　大さじ1
- きんかんを漬けた甘酢　小さじ2
- 塩　小さじ¼
- こしょう　少々

1　たまねぎは繊維に垂直に薄切りにし、水に5分間さらして水けをきる。スモークサーモンは一口大に切る。

2　器に**1**ときんかんの甘酢漬けを彩りよく盛る。Aをよく混ぜ、かける。
［1人分200kcal　調理時間10分］

材料（2人分）

米　180mℓ（1合）

A
- 昆布（5cm四方）　1枚
- 酒　大さじ1

油揚げ　4枚

B
- だし　カップ½
- きび糖　大さじ1
- しょうゆ　大さじ1弱
- 酒　大さじ1½

C
- きんかんの甘酢漬け（P.108参照）　3コ
- きんかんを漬けた甘酢　大さじ3
- 塩　小さじ½

1　米は洗って炊飯器の内釜に入れ、Aを加える。水を目盛りの分量より少し少なめに注いで30分間おき、普通に炊く。

2　油揚げは菜箸を転がして開きやすくし、長さを半分に切る。鍋に湯を沸かして油揚げを10分間ゆでて流水で洗い、水けを絞る。

3　鍋にBを入れて中火で煮立たせ、2を加えて落としぶたをし、煮汁がなくなるまで7〜8分間煮る。粗熱を取り、汁けを軽く絞る。きんかんの甘酢漬けは粗みじんに切る。

4　ボウルにご飯を移してCを加えて混ぜ、すし飯をつくる。布巾をかけ、冷ます。8等分にし、3の油揚げに詰める。

［1人分590kcal　調理時間35分（米を浸水させる時間、炊く時間、油揚げの粗熱を取る時間、すし飯を冷ます時間は除く）］

きんかんのいなりずし

活用のヒント

きんかんの香りがフルーティーないなりずしです。油揚げは味つきの市販品を活用しても。

堤人美（つつみ・ひとみ）

料理研究家。京都府生まれ。子どものころから親しんだ〝おばんざい〟のように、身近な食材とつくりやすいレシピで、日々の暮らしに寄り添う料理を提案する。季節の手仕事は昔からのライフワークで、忙しい合間を縫って、数々の保存食をせっせとつくり続けている。『NHKきょうの料理 お届け冷凍レシピ ひとりぶん』（NHK出版）など著書多数。

アートディレクション・デザイン　遠矢良一（Armchair Travel）
撮影　宮濱祐美子
スタイリング　久保田朋子
校正　今西文子（ケイズオフィス）
栄養計算　宗像伸子
編集　宇田真子／湯原一憲、米村 望、山田葉子（NHK出版）
編集協力　前田順子／大久保あゆみ

＊この本は『NHKきょうの料理ビギナーズ』2018年4月号から2020年9月号まで連載した「Tsu ke ru 〜漬けて、おいしいレシピ〜」に新しいレシピを加え、再編集したものです。

堤人美の
旬を漬ける保存食

2020年9月15日　第1刷発行

著者　堤人美

発行者　森永公紀
発行所　NHK出版
〒150-8081　東京都渋谷区宇田川町41-1
電話 0570-009-321（問い合わせ）
0570-000-321（注文）
ホームページ　https://www.nhk-book.co.jp
振替　00110-1-49701
印刷・製本　共同印刷

Printed in Japan
ISBN978-4-14-033312-9　C2077